Suave y liso, áspero y rugoso

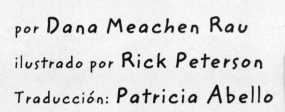

por Dana Meachen Rau

ilustrado por Rick Peterson

Traducción: Patricia Abello

Un libro sobre el tacto

Agradecemos a nuestras asesoras por su pericia, investigación y asesoramiento:

Angela Busch, M.D.,
All About Children Pediatrics,
Minneapolis, Minnesota

Susan Kesselring, M.A.,
Alfabetizadora
Rosemount-Apple Valley-Eagan
(Minnesota) School District

PICTURE WINDOW BOOKS
www.picturewindowbooks.com
A Coughlan Publishing Company

Dirección ejecutiva: Catherine Neitge
Dirección creativa: Terri Foley
Dirección artística: Keith Griffin
Redacción: Christianne Jones
Diseño: Nathan Gassman
Composición: Picture Window Books
Las ilustraciones de este libro se crearon a la aguada.
Traducción y composición: Spanish Educational Publishing, Ltd.
Coordinación de la edición en español: Jennifer Gillis/Haw River Editorial

Picture Window Books
5115 Excelsior Boulevard
Suite 232
Minneapolis, MN 55416
877-845-8392
www.picturewindowbooks.com

Impreso en los Estados Unidos de América.

Todos los libros de Picture Windows
se elaboran con papel que contiene por
lo menos 10% de residuo post-consumidor.

Library of Congress Cataloging-in-Publication Data
Rau, Dana Meachen, 1971-
[Soft and smooth, rough and bumpy. Spanish]
Suave y liso, áspero y rugoso : un libro sobre el tacto / por Dana Meachen
Rau ; ilustrado por Rick Peterson ; traducción, Patricia Abello.
p. cm. — (Nuestro asombroso cuerpo. Los cinco sentidos) Includes index.
ISBN 978-1-4048-3832-1 (library binding)
1. Touch—Juvenile literature. I. Peterson, Rick, ill. II. Title.
QP451.R3818 2008
612.8'8—dc22   2007030088

¡Ayayay! ¡El cacto es espinoso!

El tacto es uno de tus cinco sentidos.

4

Te dice que el cacto es espinoso y que el fogón está caliente.

5

La piel es el órgano del cuerpo que siente lo que tocas. La piel cubre tu cuerpo como una chaqueta. Te protege de microbios que te pueden enfermar.

La piel también protege todos los otros órganos del cuerpo.

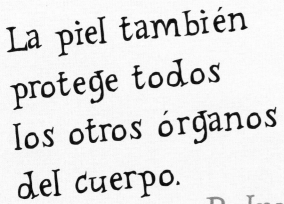

Pulmones

Corazón

Estómago

El corazón, los pulmones y el estómago están dentro del cuerpo. La piel es el único órgano que está por fuera.

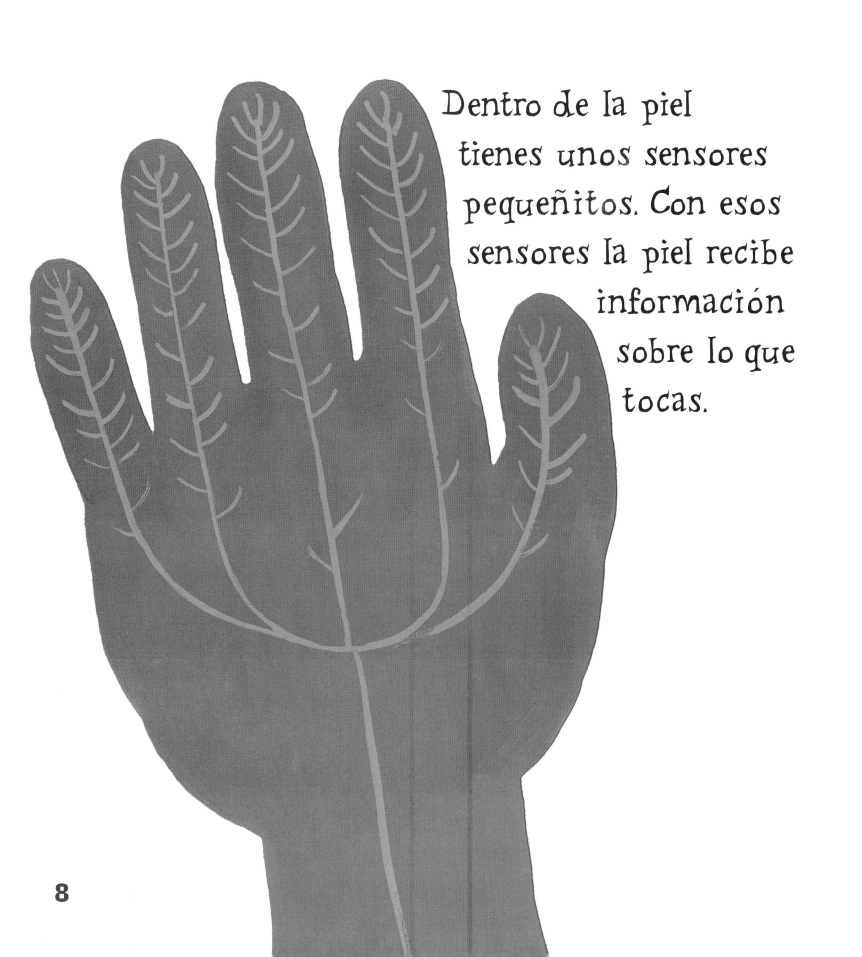

Dentro de la piel tienes unos sensores pequeñitos. Con esos sensores la piel recibe información sobre lo que tocas.

Los sensores te dicen de qué forma es un objeto y cómo se siente al tocarlo. Así sabes si es puntiagudo o plano, húmedo o seco.

9

Los sensores están al final de los nervios de la piel. Los nervios recorren todo el cuerpo. Llevan mensajes al cerebro y del cerebro al cuerpo.

Cuando tocas algo, los sensores de los dedos envían un mensaje por los nervios.

Los nervios llevan
el mensaje al
cerebro.

El cerebro
te dice cómo
es el objeto que
estás tocando.

13

Hay sensores por todo tu cuerpo. Unas partes del cuerpo tienen más sensores que otras.

Las plantas de los pies tienen muchos sensores. Por eso sientes cualquier piedrita que te entra al zapato.

En la mitad de la espalda hay muy pocos sensores. Ésa es la parte menos sensible del cuerpo.

Algunos sensores sienten el dolor.

Cuando te paras sobre algo afilado, los sensores de la piel mandan un mensaje por los nervios. Los nervios llevan el mensaje al cerebro.

El cerebro le manda un mensaje al pie. ¡Le dice que lo levantes rápido!

Los sensores de la piel también te dicen si algo está caliente o frío.

Cuando tocas algo, sientes
la textura del objeto.

Una almohada es
suave, lisa y plana.

Una piedra es
dura, áspera
y desigual.

La almohada es perfecta para dormir.
Pero si duermes sobre una piedra,
¡seguro te va a doler
la cabeza!

19

Un objeto puede ser suave o áspero, caliente o frío, espinoso o suave.

20

El sentido del tacto te protege y te enseña cosas sobre el mundo que te rodea.

La piel te protege y tú debes protegerla también. Ponte protector solar cada vez que salgas.

Diagrama de la piel

Epidermis

Sensores

Dermis

Nervios

Vello

Glándula
de sudor

Datos curiosos

- La capa externa de la piel se llama epidermis. Está formada por diminutas células muertas que se caen.

- Debajo de la epidermis está la dermis. Los sensores están en esta capa.

- Las personas ciegas leen con el tacto. Usan el sistema Braille de letras formadas por puntos elevados. Para leer, recorren las letras con los dedos.

- Los bebés aprenden mucho con el tacto. Les gusta la sensación de un hombro suave o de una barba áspera. "Tocan" las cosas al chuparlas.

Glosario

nervios (los)—cordones que reciben y llevan mensajes de distintas partes del cuerpo al cerebro

órgano (el)—grupo de tejidos del cuerpo que cumplen una tarea especial. El cuerpo tiene muchos órganos.

sensores (los)—final de los nervios encargados de reunir información sobre el mundo que nos rodea

textura (la)—sensación que produce algo al tocarlo

Aprende más

Para leer

Aragena, Susana. *Los sentidos*. España: La Galera, 2002.

Mackill, Mary. *El tacto*. Chicago: Heinemann Library, 2006.

Woodward, Kay. *El tacto*. Milwaukee: Gareth Stevens, 2005.

En la red

FactHound ofrece un medio divertido y confiable de buscar portales de la red relacionados con este libro. Nuestros expertos investigan todos los portales que listamos en FactHound.

1. Visite *www.facthound.com*

2. Escriba código: 1404810226

3. Oprima el botón FETCH IT.

¡FactHound, su buscador de confianza, le dará una lista de los mejores portales!

Busca todos los libros de la serie Nuestro asombroso cuerpo:

¿A qué huele? Un libro sobre el olfato

¡Mira! Un libro sobre la vista

¡Oye! Un libro sobre el oído

¡Qué rico! Un libro sobre el gusto

Suave y liso, áspero y rugoso: Un libro sobre el tacto